3 bis 8 Jahre

Gabriela Rosenwald

D1723817

Das WINTERBUCH

- SINGEN
- SPIELEN
- MALEN
- BASTELN
- LERNEN

- Stilleübungen
- Fantasiereisen
- Spannende Geschichten ...

Lernen mit Erfolg

KOHL VERLAG

www.kohlverlag.de

Nutzen Sie unseren bequemen Onlineshop!

• Ausführliche Informationen
• Aussagekräftige Leseproben
• Schnäppchen & besondere Angebote

www.kohlverlag.de

Das Winterbuch

1. Auflage 2015

© Kohl-Verlag, Kerpen 2015
Alle Rechte vorbehalten.

<u>Inhalt</u>: Gabriela Rosenwald
<u>Coverbild</u>: © katerina_dav, Denchik & fotola70 - fotolia.com
<u>Grafik & Satz</u>: Kohl-Verlag
<u>Druck</u>: farbo prepress GmbH, Köln

Bestell-Nr. 11 813

ISBN: 978-3-95686-813-9

Inhaltsverzeichnis

Das Winterbuch
Singen • Spielen • Malen • Basteln • Lernen   –   Bestell-Nr. 11 813

Vorwort

Auch wenn uns Menschen in der Regel kein Winterschlaf und keine Winterruhe gegönnt sind, sollten wir doch versuchen, ein wenig „herunterzufahren". Im Winter sind die Tage kürzer. Morgens wird es selten vor 9 Uhr richtig hell. Nachmittags ab 16 Uhr bricht schon die Abenddämmerung herein. Trotzdem suchen die Kinder nach Beschäftigung, neuen Erfahrungen, Entdeckungen und Herausforderungen. Dabei darf auch die Bewegung nicht zu kurz kommen. Leider gibt es in vielen Teilen unseres Landes nur noch selten Schnee, der doch zum Winter gehört und der vielfältige Aktivitäten im Freien vespricht.

Auch dieses Buch gibt Ihnen wieder viele Anregungen, wie Sie den Winter mit Kindern aufregend gestalten können. Bei der Zusammenarbeit mit einigen Erzieherinnen wurde mir immer wieder bestätigt, dass alte, bekannte Spiele und Lieder wieder sehr beliebt sind. Sie finden einige davon hier, denn sie sind ja ein Teil unserer „Kultur". In den Lernprozess einbegriffen sind des Weiteren die gemeinsame Kommunikation sowie die Sozialkompetenzen Teilen und Helfen. Diese Fähigkeiten werden hier beim Spielen und Basteln gefördert und vertieft.

Danken möchte ich hier auch der Erzieherin und Heilpädagogin Sabine Brockmann, die mir erneut manch guten Tipp zukommen ließ.

Das Angebot an Kopiervorlagen zu Schwung-, Schreib- und Rechenübungen ist reichhaltig (z.B. im Kohl-Verlag). Deshalb werden Sie hier eher Lernmaterial zum Kennenlernen von Natur und Brauchtum finden. Zu den meisten Arbeitsblättern erhalten Sie eine Anleitung, die Sie auf der jeweiligen Vorlage in dem Kästchen oben finden.

Viel Spaß und Erfolg mit diesen Seiten wünschen Ihnen und Ihren Kindern der Kohl-Verlag und

Gabriela Rosenwald

Bestell-Nr. 11 813

Das Winterbuch
Singen • Spielen • Malen • Basteln • Lernen

KOHL VERLAG
Lernen mit Erfolg

1 Schneeflöckchen

Schneeflöckchen basteln

Material:

- 1 Wattekugel, 2-3 cm Durchmesser, weiße Watte
- Stifte in blau und rot oder rosa für Augen und Mund
- Klebstoff, Faden zum Aufhängen

Anleitung:

- Augen und Mund werden auf die Wattekugel gemalt
- Die Kugel rund um das Gesicht und am Hinterkopf mit Klebstoff einstreichen
- Die Watte aufkleben, das Gesicht frei lassen
- Die Watte ein wenig zurechtzupfen
- Den Faden ankleben (evtl. mit einer Nadel durch die Kugel ziehen)
- An einem Haselzweig oder am Fenster aufhängen.

„Schneeflöckchen, Weißröckchen" – Lied

1. Schnee-flöck-chen, Weiß-röck-chen, da kommst du ge-schneit; du kommst aus den Wol-ken, dein Weg ist so weit.

1. Schneeflöckchen, Weißröckchen,
wann kommst du geschneit?
Du wohnst in den Wolken,
dein Weg ist so weit.

2. Komm setz dich ans Fenster,
du lieblicher Stern,
malst Blumen und Blätter,
wir haben dich gern.

3. Schneeflöckchen, du deckst uns
die Blümelein zu,
dann schlafen sie sicher
in himmlischer Ruh'.

4. Schneeflöckchen, Weißröckchen,
komm zu uns ins Tal.
Dann bau'n wir den Schneemann
und werfen den Ball.

Das Winterbuch
Singen • Spielen • Malen • Basteln • Lernen – Bestell-Nr. 11 813

KOHL VERLAG
Lernen mit Erfolg

Fünf Schneeflocken – Ein Fingerspiel

5 Schneeflocken fallen auf die Erde nieder.
(5 Finger einer Hand langsam bewegen)

Das erste Schneeflöckchen macht sich den Spaß

und setzt sich mitten auf die Nas´.
(Mit dem Daumen die Nase berühren)

Das zweite Schneeflöckchen setzt sich auf das Ohr

und kommt sich dort ganz lustig vor.
(Der rechte Zeigefinger berührt das linke Ohr)

Das dritte Schneeflöckchen klettert hoch hinauf

und setzt sich auf das Köpfchen drauf.
(Der Mittelfinger berührt die Haare oben am Kopf)

Das vierte Schneeflöckchen setzt sich auf die Wange

und bleibt dort auch nicht lange.
(Die Wange wird von dem Ringfinger nur kurz gestreift)

Das fünfte Schneeflöckchen setzt sich auf deinen Mund

und glaubt der Schnee, der ist gesund.
(Der kleine Finger berührt den Mund, anschließend mit der Zunge die Lippen „ablecken")

Konzentrationsübung „Ein Schneeflöckchen auf Reisen schicken"

Anmerkung:

Mit dieser Übung regen Sie die Kinder dazu an, sich ausschließlich auf eine Sache zu konzentrieren. So wird eine kleine Schneeflocke zum wichtigen Erlebnis. Da wir aber leider nicht immer im richtigen Moment Schneeflocken zur Verfügung haben und diese auch auf warmen Kinderhänden viel zu schnell schmelzen würden, nehmen wir einen Wattebausch. Die Größe können Sie nach der Geschicklichkeit der Kinder variieren.

So geht es:

Stellen Sie sich mit den Kindern im Kreis auf. Bitten Sie die Kinder, die rechte Hand nach vorn zu strecken. Legen Sie dem Kind rechts von Ihnen einen kleinen, luftigen Wattebausch auf die Hand. Das Kind gibt den Bausch an das nächste Kind weiter. So wandert er im Kreis herum. Während der Übung versuchen die Kinder, nichts zu sagen und mit ihren Augen nur den Weg des Wattebausches zu verfolgen. Schaffen es die Kinder, dass das „Schneeflöckchen" wieder bei Ihnen ankommt, ohne dass es wegfliegt? Man kann diese Übung mit der linken Hand wiederholen!

Das Winterbuch Singen • Spielen • Malen • Basteln • Lernen – Bestell-Nr. 11 813

KOHL VERLAG

1 **Schneeflöckchen**

„Jede Schneeflocke sieht anders aus. Doch alle Schneeflocken haben 6 „Spitzen".
Schaut euch die abgebildeten Flocken auf dieser Seite genau an.
Haben sie wirklich alle 6 Spitzen? Oder stimmt da etwas nicht? Zählt nach.
Danach malt ihr alle Schneeflocken mit 6 Spitzen hellblau an."

Das Winterbuch
Singen • Spielen • Malen • Basteln • Lernen   –   Bestell-Nr. 11 813

KOHL VERLAG
Lernen mit Erfolg

2 Am Vogelhaus

Zum Vorlesen

„Genau wie ihr haben auch Vögel ihre Lieblingsspeisen. Manche mögen lieber Körner, andere fressen lieber weiches Futter wie Haferflocken und Obst.
Finken und Spatzen sind Körnerfresser. Sie mögen Sonnenblumenkerne, Haferflocken und gehackte Nüsse. Amseln und Rotkehlchen hingegen sind Weichfutterfresser. Sie mögen am liebsten Früchte und Insekten.
*Meisen fressen Körner **und** Weichfutter. Sie mögen Meisenringe oder Meisenknödel."*

Futter selbst gemacht

Wenn im Winter alles gefroren ist und der Schnee alles bedeckt, können die Vögel, die nicht in den Süden geflogen sind, kein Futter mehr finden. Wir können ihnen helfen, wenn wir Vogelfutter herstellen.

Material:

- Einen Blumentopf, 15-20 cm Durchmesser
- einen Stab, etwa 40 cm lang
- eine dicke Kordel zum Aufhängen, etwa 1 m
- 250 g Rindertalg
- 250 g Kleie oder Haferflocken
- 150 g Hirse und Sonnenblumenkerne
- evtl. gehackte Nüsse
- 1 Esslöffel Salatöl (damit das Futter bei Frost nicht zu hart wird)

Anleitung:

- Rindertalg erwärmen (nicht kochen)
- Kleie, Öl, Sonnenblumenkerne, Hirse und evt. Haferflocken einrühren
- Kordel zum Aufhängen durch den Blumentopf ziehen und verknoten
- Mischung in den Blumentopf füllen
- Stab als Anflughilfe hinein stecken
- an einer geschützten Stelle aufhängen

Viel Spaß beim Beobachten der kleinen Gäste!

Das Winterbuch
Singen • Spielen • Malen • Basteln • Lernen   –   Bestell-Nr. 11 813
KOHL VERLAG

Zum Vorlesen

„Vögel, die nur Käfer, Fliegen und Raupen fressen, fliegen im Winter in warme Länder. Dies tun sie, weil sie bei uns im kalten Winter keine Käfer, Raupen und Fliegen finden. Man nennt diese Vögel daher **Zugvögel**.

Andere Vögel mögen Obst und Körner. Das finden sie hier auch im Winter. Diese Vögel bleiben deshalb im Winter hier. Wir nennen sie **Standvögel**."

Aufgabe

- Die Kinder malen die Bilder bunt aus.
- Dazu erklären sie, warum manche Vögel fort fliegen und andere nicht.
- Fragen Sie die Kinder: „Was könnten sich die Vögel auf den Bildern erzählen?"

Das Winterbuch
Singen • Spielen • Malen • Basteln • Lernen – Bestell-Nr. 11 813

KOHL VERLAG

Ausmalbild: Vogelhaus im Winter

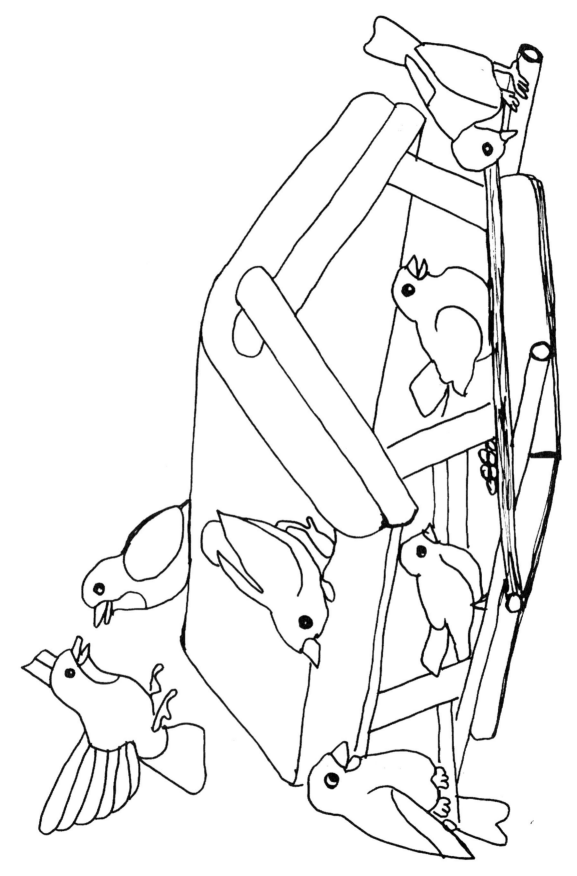

Das Winterbuch
Singen • Spielen • Malen • Basteln • Lernen – Bestell-Nr. 11 813

3 **Drei Spatzen**

Drei Spatzen: Rollenspiel

Die Kinder bilden einen Sitzkreis. In der Mitte liegt ein Ast oder Baumstamm. Drei Kinder setzen sich darauf und machen die Spatzen nach. Zwei oder drei Kinder bedecken die Spatzen mit einem weißen Papierschnipsel-Schnee-Häubchen. Die übrigen Kinder ahmen das Herzklopfen mit Klangstäben aus Holz oder mit einem Glockenspiel sanft nach. Danach wechseln die Kinder die Rollen. Das Bild unten kann zart ausgemalt werden.

Gedicht

Die drei Spatzen

(Christian Morgenstern)

In einem leeren Haselstrauch
sitzen drei Spatzen, Bauch an Bauch.
Der Erich rechts und links der Franz
und mittendrin der freche Hans.
Sie haben die Augen zu, ganz zu,
und obendrüber, da schneit es, hu!
Sie rücken zusammen, dicht an dicht.
So warm wie der Hans hat's niemand nicht.
So hör'n alle drei ihrer Herzlein Gepoch.
Und wenn sie nicht weg sind,
so sitzen sie noch.

Das Winterbuch
Singen • Spielen • Malen • Basteln • Lernen – Bestell-Nr. 11 813

KOHL VERLAG
Lernen mit Erfolg

Ein Vogelhaus im Winter basteln

Material:

- Schere, Stifte, Kleber Papier und/oder bunte Pappe
- Sonnenblumenkerne oder getrocknete Maiskörner
- Watte, die Vorlagen für das Vogelhaus und die Vögel

Anleitung:

- Vögel anmalen und ausschneiden
- Vogelhaus ausschneiden und
- Sonnenblumenkerne zum Verzieren verwenden
- die beiden Vögel links und rechts aufkleben

Das Winterbuch
Singen • Spielen • Malen • Basteln • Lernen — Bestell-Nr. 11 813
KOHL VERLAG

Einen Winterbaum basteln

Material:

- Schere, Stifte, Kleber, Pappe,
- Watte, Wollfaden für die Mäuseschwänzchen
- Sonnenblumenkerne oder Maiskörner

Anleitung:

- Die beiden grauen Mäuse rechts anmalen und ausschneiden.
- Alternativ: die Kinder zeichnen die Mäuse nach der Anleitung, malen sie an und schneiden sie dann aus.
- Baum auf der nächsten Seite anmalen und auf dunkle Pappe kleben.
- Mäuse neben den Baum kleben. Wollfäden als Schwanz ankleben.
- Aus der Watte kleine Kugeln formen.
- Diese auf den Baum und am Boden des Bildes verteilt aufkleben.
- Damit die Mäuse Futter finden können, auf das Bild noch ein paar Sonnenblumenkerne oder Maiskörner kleben.

So malt ihr eine Maus:

Zuerst den Kopf, dann den Bauch und an den Kopf die Ohren -

Auge und Schnäuzchen, Füße, Arm und Schwänzchen – fertig!

Kurzes Fingerspiel zu den Mäusen:

8 kleine Mäuschen (alle Finger, keine Daumen, zappeln)
huschen in ihr Häuschen, (Finger verschwinden, Faust machen)
naschen gerne Speck, (alle 8 Finger sind wieder da und zappeln)
sind plötzlich alle wieder weg. (Faust machen)

Das Winterbuch
Singen • Spielen • Malen • Basteln • Lernen – Bestell-Nr. 11 813
KOHL VERLAG

Winterbaum

Das Winterbuch
Singen • Spielen • Malen • Basteln • Lernen — Bestell-Nr. 11 813

KOHL VERLAG

4 **Winter-Mandalas**

Mandala: Schneemann

Innere Ruhe und gleichzeitig Spaß – dafür sorgt das Ausmalen eines Mandalas. Die Kinder malen das „Schneemann-Mandala" nach den von Ihnen vorgegebenen Farben oder nach ihren eigenen Ideen aus.

Das Winterbuch
Singen • Spielen • Malen • Basteln • Lernen – Bestell-Nr. 11 813

KOHL VERLAG

Mandala: Winterfreuden

Das Mandala „Winterfreuden" verlangt etwas mehr Feinmotorik und gezieltes Führen der Stifte. Jedes Kind kann das Mandala frei gestalten, was die Freude steigert.

Das Winterbuch
Singen • Spielen • Malen • Basteln • Lernen — Bestell-Nr. 11 813
KOHL VERLAG

Mandala: Wald

Hier lernen die Kinder die tierischen Waldbewohner, die auch im Winter dort zu sichten sind, kennen: Eichhörnchen, Hase, Fuchs, Wildschwein, Maulwurf, Dachs und Rehe.

Das Winterbuch
Singen • Spielen • Malen • Basteln • Lernen — Bestell-Nr. 11 813
KOHL VERLAG
Lernen mit Erfolg

5 Die ABC-Katze

Lied: Die ABC-Katze

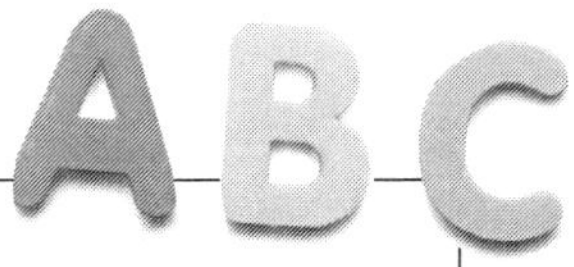

Lied

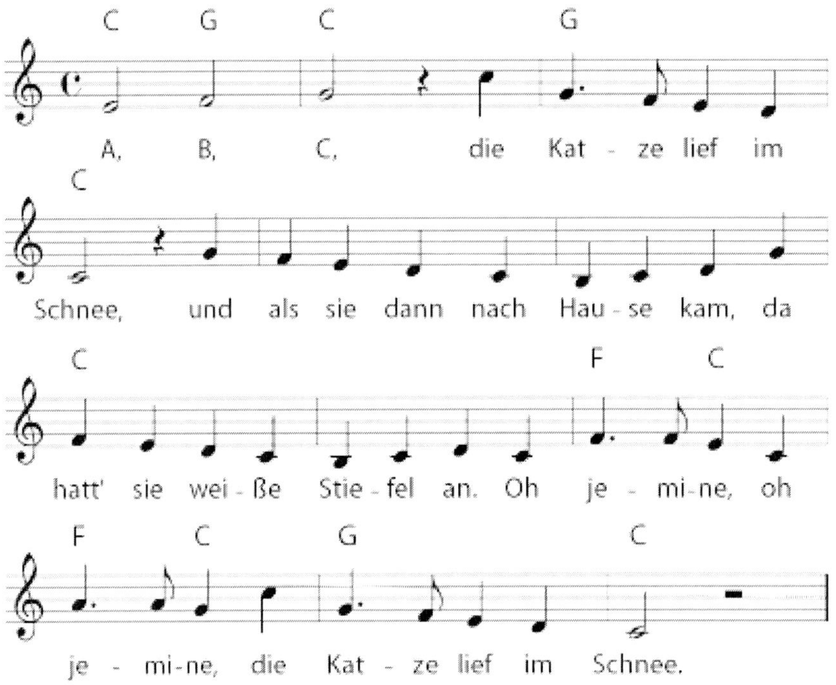
C G C G
A, B, C, die Kat - ze lief im
C
Schnee, und als sie dann nach Hau - se kam, da
C F C
hatt' sie wei - ße Stie - fel an. Oh je - mi - ne, oh
F C G C
je - mi - ne, die Kat - ze lief im Schnee.

Eine ABC-Katze basteln

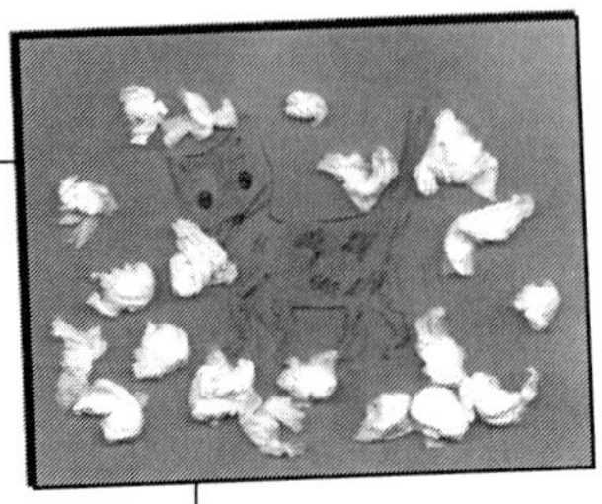

Material:

- Katzen-Bastelvorlage (evt. vergrößern)
- Kosmetiktücher, Stifte, Kleber, Schere
- Vorgefertigte Buchstaben-Bastelvorlage, s. o.
- Tonkarton

Anleitung:

- Die Katzen-Bastelvorlage anmalen und ausschneiden.
- Aus den Kosmetiktüchern kleine Kugeln rollen.
- Buchstaben anmalen und ausschneiden.
- Buchstaben, Katze und Kugeln (Schnee, Schneeflocken) auf Tonkarton kleben.

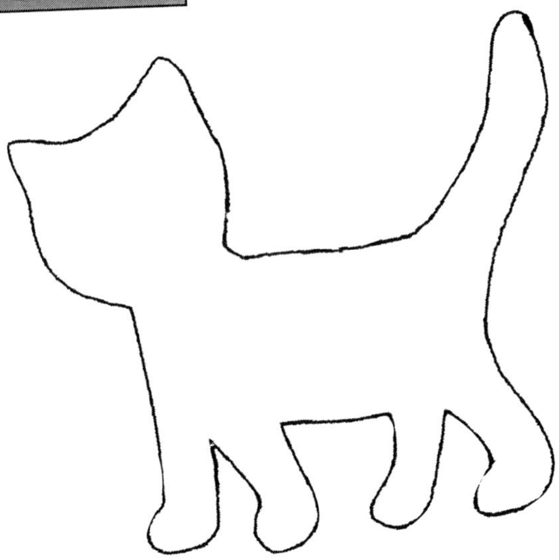

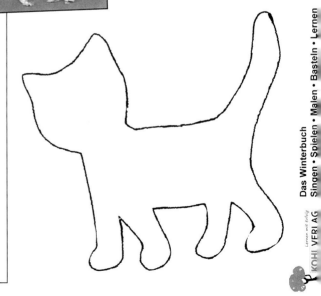

KOHL VERLAG Lernen mit Erfolg
Das Winterbuch
Singen • Spielen • Malen • Basteln • Lernen – Bestell-Nr. 11 813

6 Schneemann aus Wolle

Einen Schneemann aus Watte basteln

Material:

- Schere, Klebstoff
- Bunter Tonkarton, etwa DIN A 4
- Schablonen (siehe folgende Seite)
- Pappreste in schwarz, rot und orange
- Wollreste in weiß
- Schnur oder dunkle Wolle

Anleitung:

- Die Wollreste werden klein geschnitten und evtl. etwas zerrupft.
- Zuerst die Umrisse eines Schneemanns auf einen farbigen Tonkarton zeichnen und mit Kleber einstreichen.
- Darauf die Wolle kleben. Das darf ruhig ein bisschen füllig und unordentlich aussehen.
- Ist der Schneemann dicht mit Wolle beklebt, werden Knöpfe aus schwarzem Papier geschnitten und auf die Wolle geklebt.
- Der Besen darf auch nicht fehlen. Er kann mit Schnur oder Wolle gestaltet werden.
- Schließlich erhält der Schneemann noch schwarze Augen.
- Die orangene Pappe dient als Nase.
- Für den Mund schneiden wir einen roten Halbmond aus.

Gedicht

Der Schneemann
(Verfasser unbekannt, mündlich überliefert)
Die Kinder malen den Schneemann nach dem Vers
auf ein großes Blatt.
Zuhören ist angesagt!

Schneemann, Schneemann,
kalter, weißer Mann,
hast 'ne rote Nase dran.
Schwarze Augen, schwarzer Mund,
bist so dick und kugelrund.
Auf dem Kopf - trägst du nen Topf
und in der Hand 'nen Besen.
Kommt der liebe Sonnenschein,
wirst Du bald geschmolzen sein.

Das Winterbuch
Singen • Spielen • Malen • Basteln • Lernen   —   Bestell-Nr. 11 813
KOHL VERLAG
Lernen mit Erfolg

Schablonen zum Ausschneiden: Schneemann

Das Winterbuch

Singen • Spielen • Malen • Basteln • Lernen – Bestell-Nr. 11 813

KOHL VERLAG AG

7 Schneemobile

Ein Schneemobile basteln

Gerade wenn es mal wieder nicht schneit, vermittelt ein Schneemobile wenigstens ein bisschen Winterfeeling. Die Kleinen malen die Gesichter auf die Watte-Pads, die Großen schneiden die Schneeflocken aus. Beim Aufhängen können alle zusammen helfen.

Material:

- Reste von weißer Wolle oder Baumwolle
- ein Stab oder Zweig
- einige Kosmetik (Watte)-Pads
- dünne Filzstifte in blau, rot oder rosa
- die Schneeflockenschablone (oder Schneeflocken s. nächste Seite)
- weiße Pappe oder Wellpappe

Anleitung:

- Die Schneeflocken (Abb. unten) werden sorgfältig ausgeschnitten und mehrmals auf weiße Pappe oder Wellpappe (auf die glatte Seite!) übertragen.
- Nun die „Pappflocken" genauso ordentlich ausschneiden. Größere Kinder können auch unter Anleitung ein Cuttermesser benutzen.
- Man kann die Pappflocken noch mit ein wenig Glitzer verzieren.
- Mit Filzstiften Augen und Mund auf die Watte-Pads zart aufmalen.
- Watte-Schneeflocken mit Wollfäden an den Stab binden, dazwischen die Schneeflocken befestigen.
- Der Stab wird ebenfalls an einen Wollfaden gebunden und damit aufgehängt.

Das Winterbuch
Singen • Spielen • Malen • Basteln • Lernen – Bestell-Nr. 11 813

KOHL VERLAG
Lernen mit Erfolg

8 Schneeflocken basteln und falten

Schneeflocken aus Papier

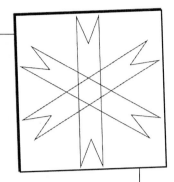

Material:

• weißes Papier oder Pappe für die Streifen

Anleitung:

• Schneidet drei längliche Streifen aus weißem Papier aus.
• In die Enden schneidet ihr eine Zacke.
• Dann klebt ihr die Streifen in der Mitte über Kreuz zur Schneeflocke zusammen.

Schon ist die erste Schneeflocke fertig. Es sieht besonders schön aus, wenn ihr verschieden große Flocken bastelt.

Falt-Schneeflocken

Material:

• Weißes Tonpapier oder Kopierpapier, sehr schön wirkt auch Alu-Bastelfolie

Anleitung:

• Malt einen Kreis (Teller, CD umranden) auf weißes Papier oder Bastel-Alufolie auf. Schneidet ihn aus.
• Faltet den Kreis in der Mitte zusammen, sodass ihr einen Halbkreis habt.
• Jetzt müsst ihr den Halbkreis in 3 Teile einteilen. Ein Teil wird nach vorne geschlagen und ein Teil nach hinten. Nun habt ihr ein Stück, das aussieht wie ein Stück Kuchen.
• Schneidet nun die Sternform an der runden Stelle.
• An den Kanten werden kleine Dreiecke herausgeschnitten.
• Jetzt klappt ihr das Papier wieder zu einem Kreis auseinander und ihr habt eine wunderschöne sechseckige Schneeflocke.

Jede Schneeflocke sieht nun anders aus. Das ist das besonders Schöne daran.

Das Winterbuch
Singen • Spielen • Malen • Basteln • Lernen – Bestell-Nr. 11 813
KOHL VERLAG
Lernen mit Erfolg

9 Fantasiereise

Die dicke, graue Schneeflocke

Vor der Reise

An einem grauen Wintertag besonders geeignet. Die Kinder machen es sich mit Kissen oder Decken vor dem Fenster gemütlich und richten den Blick nach draußen.
Lesen Sie die Geschichte langsam und mit Pausen vor, damit die Kinder die Bilder vor ihren Augen entstehen lassen können.

„Es ist ein trüber, kalter Wintertag. Die Wolken ziehen dunkelgrau am Himmel dahin. Es riecht nach Schnee. Du schaust zu einer dicken, grauen Wolke hinauf. Ganz schön tief hängt sie über dem Land. Du stellst dir vor, es beginnt zu schneien. Gut, dass du es so schön warm und gemütlich hast. Du fühlst dich richtig wohl und geborgen. Kuschelig weich liegst du auf deiner Decke. Du schließt die Augen.

Während du träumst, sinkt die dicke, graue Wolke weiter hinab. Sie kommt näher und näher, dann umhüllt sie dich mit ihren grauen Wolkenarmen. Gar nicht kalt und nass fühlen die sich an. Nein, gemütlich warm und zart sind sie wie deine weiche Kuscheldecke. Du legst dich in die Wolkenarme und genießt ihre Wärme.

Ganz warm und weich umhüllen sie dich. Du fühlst dich rundum gemütlich, behaglich, ganz kuschelig geborgen. Zart streicheln die Wolkenarme deine Haut, deine Arme, deine Beine, dein Gesicht, deinen Rücken. Tief atmest du ein und aus.

Sie duften, die Wolkenarme, nach Frost und Schnee, eben nach Winter. Riechst du ihn, den Winter, den Frost, den Schnee?

Und vor deinen geschlossenen Augen siehst du eine weiße Schneelandschaft. Silbern glitzern die Schneeflockensterne.

Zwei dieser Sternchen schweben auf dich zu. Sie legen sich auf deine Hand. Du freust dich und lächelst.

Genieße dein Schneeland noch ein Weilchen, den weißen Wald, die glitzernden, tanzenden Schneeflocken.

Dann öffnest du langsam die Augen und kehrst von deiner Winterreise zurück.

Draußen zieht die dicke, graue Wolke vorbei. Du lächelst ihr zu.

Und die Wolke, sieht sie für einen Augenblick nicht aus wie eine riesige, lächelnde Schneeflocke?"

Nach der Reise

Erzählrunde: *Die Kinder erzählen von ihren Erlebnissen in der Schneewolke. Jeder darf zu Wort kommen. Es wird keiner unterbrochen. Jeder hört jedem zu.*

Gestalten: *Die Kinder malen ein Bild von der Wolke und den Schneeflöckchen. Dazu kann im Hintergrund leise Musik erklingen.*

Das Winterbuch
Singen • Spielen • Malen • Basteln • Lernen – Bestell-Nr. 11 813

Winterkleidung – Was ziehst du an?

*Auch anziehen will gelernt sein – Im Winter, wenn´s kalt ist, zieh ich mich warm an -
Nach der Melodie von „Schneeflöckchen, Weißröckchen" zu singen.*

Lied

Im Winter, wenn´s kalt ist, zieh ich mich warm an

damit ich dann draußen im Schnee spielen kann.

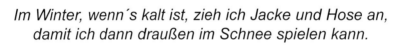

*Im Winter, wenn´s kalt ist, zieh ich mich warm an,
damit ich dann draußen im Schnee spielen kann.*

*Im Winter, wenn´s kalt ist, zieh ich Jacke und Hose an,
damit ich dann draußen im Schnee spielen kann.*

*Im Winter, wenn´s kalt ist, zieh ich Stiefel an,
damit ich dann draußen im Schnee spielen kann.*

*Ich nehme den Schal um, setz die Mütze auf,
zieh die Handschuhe an und dann raus ich lauf'.*

*Im Winter, wenn´s kalt ist, zieh ich mich warm an,
damit ich dann draußen im Schnee spielen kann.*

Das Winterbuch
Singen • Spielen • Malen • Basteln • Lernen – Bestell-Nr. 11 813
KOHL VERLAG

Zum Vorlesen

„Was zieht ihr an, wenn es kalt ist? Malt alles, was ihr im Winter anzieht, bunt an.
Erzählt, was ihr anzieht!"
Eine andere Aufgabe: „Malt alle Wintersachen blau und alle Sommersachen rot an!"

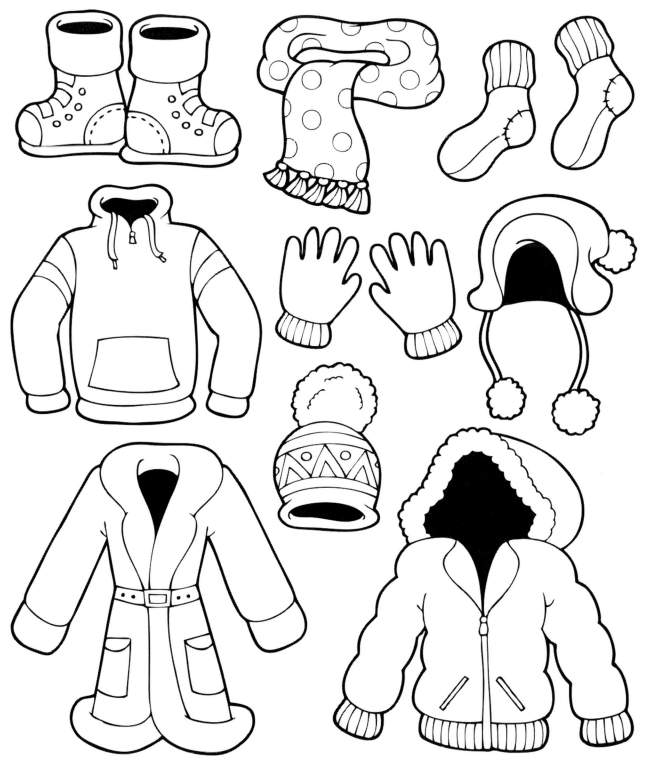

Das Winterbuch
Singen • Spielen • Malen • Basteln • Lernen   —   Bestell-Nr. 11 813

KOHL VERLAG

Zum Vorlesen

Hier geht es ums Beobachten.
„Was hatte dein Freund/deine Freundin heute an, als sie in den Kindergarten kam?
Oder als ihr nach draußen gingt? Male es auf."

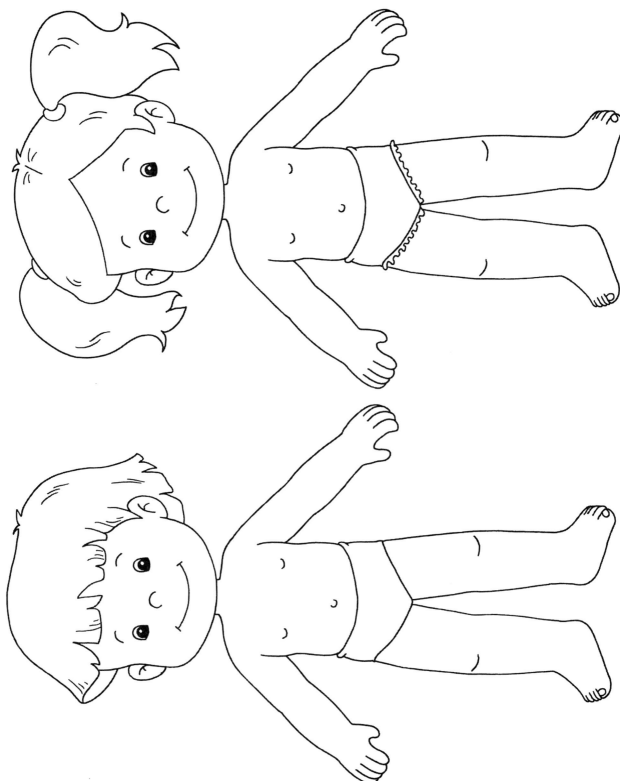

Das Winterbuch
Singen · Spielen · Malen · Basteln · Lernen — Bestell-Nr. 11 813
KOHL VERLAG

Schneeballschlacht und Schneeengel – Lied

(Melodie „Hänschen klein")   ein Spiellied, Verfasser nicht bekannt

1. *Aufgepasst, aufgewacht,*
wir machen eine Schneeballschlacht.
Zieh dich an, zieh dich an,
komm wir fangen an.
Einen Ball schmeiß ich zu dir,
und dann einen du zu mir.
Ojemine, ojemine,
wir sind ja schon voll Schnee.

2. *Aufgepasst, aufgewacht,*
wir machen eine Schneeballschlacht.
Das macht Spaß, das macht Spaß,
ich treff' dich auf der Nas'.
Schau nur, wie ich zielen kann,
mit dem Schneeball – Mann o Mann.
Ojemine, ojemine,
wir sind ja schon voll Schnee.

Schneeengel

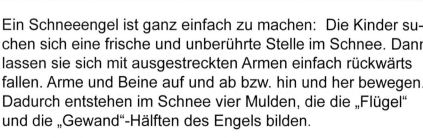

Ein Schneeengel ist ganz einfach zu machen: Die Kinder suchen sich eine frische und unberührte Stelle im Schnee. Dann lassen sie sich mit ausgestreckten Armen einfach rückwärts fallen. Arme und Beine auf und ab bzw. hin und her bewegen. Dadurch entstehen im Schnee vier Mulden, die die „Flügel" und die „Gewand"-Hälften des Engels bilden.

Das Winterbuch
Singen • Spielen • Malen • Basteln • Lernen   –   Bestell-Nr. 11 813

KOHL VERLAG
Lernen mit Erfolg

12 Spielen im Schnee

Puzzles

Die Kinder entdecken hier Bilder zu „Spielen im Schnee". Die Bilderteile werden ausgeschnitten und passend zusammengesetzt. Sie werden aufgeklebt (dazu empfiehlt sich Tonkarton) und anschließend angemalt. Danach berichten die Kinder, was auf den Bildern zu erkennen ist.

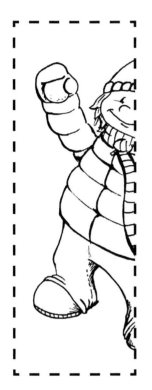
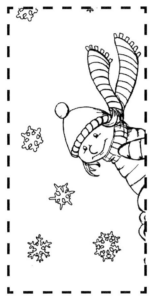
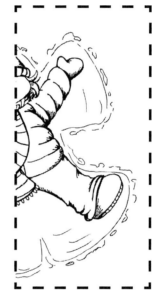

Das Winterbuch
Singen • Spielen • Malen • Basteln • Lernen — Bestell-Nr. 11 813

KOHL VERLAG

1. Rätsel: Gedicht

Zum Vorlesen oder Singen: Diese Gedichte und Winterrätsel sind für Kinder ab etwa 4 Jahre geeignet. Die Autoren sind nicht bekannt.

Im Winter fallen sie vom Himmel herab,
Tanzen vergnügt auf und ab.
Setzen sich nieder auf deine Nas',
Zerfließen sofort, was ist denn das?

(Lösung: die Schneeflocken)

Es hängt an der Dachrinne und weint,
Wenn die liebe Sonne scheint.

(Lösung: der Eiszapfen)

Aus Schnee ist er und trägt am Kopf
Mutters alten Suppentopf.
In der Hand hält er 'nen Besen.
Sag, was ist das für ein Wesen?

(Lösung: der Schneemann)

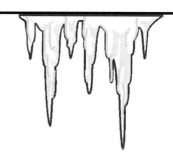

2. Rätsel: Zuordnung

Die Schneemänner sind alle verschieden. Oder doch nicht?
Findet ein Paar, das zusammengehört.

Das Winterbuch
Singen • Spielen • Malen • Basteln • Lernen – Bestell-Nr. 11 813

KOHL VERLAG
Lernen mit Erfolg

3. Rätsel: Schneemann bauen

Hier ist logisches Denken und Kombinieren gefragt. Die Kinder überlegen sich die zeitliche Reihenfolge der Abbildungen unten. Die Bilder werden bunt ausgemalt, ausgeschnitten und in der zeitlich richtigen Reihenfolge auf ein Blatt geklebt. Vereinfachte, differenzierte Aufgabe: Die Bilder werden nur ausgemalt und aufgeklebt.

Das Winterbuch
Singen • Spielen • Malen • Basteln • Lernen – Bestell-Nr. 11 813
KOHL VERLAG

Der Winter ist die dunkelste Jahreszeit. Die Kinder können morgens und abends die Sterne am Himmel beobachten. Jeder Stern ist einzigartig. Schneiden Sie die Kärtchen aus und verteilen Sie sie an die Kinder. Diese malen die Sterne an und schneiden sie genau aus. Auf einem dunklen Tuch oder einer blauen Pappe wird ein wunderschöner Sternenhimmel geklebt, auf dem jedes Kind seinen eigenen Stern hat.

Das Winterbuch
Singen • Spielen • Malen • Basteln • Lernen – Bestell-Nr. 11 813

KOHLVERLAG

15 Frau Holle

Frau Holle - Fingerpiel

Pille, Palle, Polle,
(3 mal in die Hände klatschen)

im Himmel wohnt Frau Holle.
(mit beiden Armen einen großen Himmel andeuten)

Die schüttelt ihre Betten aus,
(beide Hände kräftig schütteln)

da fallen viele Flöckchen raus.
(Finger bewegen sich langsam und leicht von oben nach unten)

Ticke, Tacke, Tocke,
(3 mal in die Hände klatschen)

da kommt 'ne Riesenflocke.
(beide Hände deuten eine große Flocke an)

Die setzt sich auf den Gartenzaun,
("Flocke" wird auf einem Bein abgelegt)

und will sich dort ein Häuschen bau'n.
(mit beiden Händen auf dem Kopf ein Dach andeuten)

Frau Holle - Bewegungsspiel

Das wird geübt:

Bei diesem Spiel schulen die Kinder ihre Reaktions- und Koordinationsfähigkeit.

Anleitung:

Jeweils zwei Kinder bilden mit ihren Armen die zwei Tore der Frau Holle. Eines steht für das Tor der Goldmarie und eines für das der Pechmarie. Ein fünftes Kind übernimmt die Rolle der Frau Holle und darf Spielleiter/-in sein. Alle Kinder tanzen in der Mitte zu Musik. Wenn die Musik stoppt, ruft Frau Holle „Goldmarie" oder „Pechmarie". Die Kinder müssen nun möglichst schnell durch das entsprechende Tor rennen. Wer das falsche Tor wählt oder zuletzt das Tor erreicht, scheidet aus. Der Gewinner darf in der nächsten Spielrunde Frau Holle sein und die Kommandos geben.

Das Winterbuch
Singen • Spielen • Malen • Basteln • Lernen — Bestell-Nr. 11 813
KOHL VERLAG

Märchen nach den Brüdern Grimm

Eine Witwe hatte zwei Töchter. Die jüngere war fleißig, schön und gut, die ältere hässlich und faul. Die Mutter liebte und verwöhnte aber die ältere, weil die ihre richtige Tochter war. Die jüngere, die Stieftochter, musste den Haushalt versorgen und jeden Tag am Brunnen sitzen und Garn spinnen. Als ihr eines Tages die Spindel in den Brunnen fiel, schimpfte die Mutter sie böse aus. So sprang das Mädchen in den Brunnen, um die Spindel wiederzuholen. Unten im Brunnen fand es eine wunderschöne, sonnige Blumenwiese.

Das Mädchen ging weiter und kam zu einem Backofen voller Brote.
„Zieh uns raus! Wir verbrennen!" riefen die Brote.
Das Mädchen holte die Brote aus dem Ofen.

Dann kam es zu einem Apfelbaum, der voller Äpfel hing.
„Ach schüttel mich, meine Äpfel sind schon lange reif!" Das Mädchen rüttelte den Baum, sodass alle Äpfel hinabfielen.
Endlich kam sie zum Haus der alten Frau Holle. Das Mädchen blieb bei ihr und half ihr im Haushalt. Es war so freundlich und fleißig wie zuvor bei der Stiefmutter. Eine wichtige Aufgabe war das Aufschütteln der Betten — denn dann schneit es auf der Erde.
Nach einiger Zeit bekam das Mädchen aber Heimweh. Frau Holle führte sie zum Abschied zu einem Tor. Dort regnete es Gold auf das Mädchen herab.
So kehrte sie als „Goldmarie" heim.
Die Stiefmutter und ihre andere Tochter waren sehr neidisch.
So musste nun auch die Lieblingstochter in den Brunnen springen. Doch das faule, unfreundliche Mädchen holte die Brote nicht aus dem Backofen und schüttelte auch nicht den Apfelbaum.

Auch bei Frau Holle war sie nur einen einzigen Tag fleißig. Nach einiger Zeit wurde sie von Frau Holle entlassen. Wie zuvor die Goldmarie wurde sie zum Tor geführt. Doch statt Gold regnete Pech auf sie herab. Von nun an hieß sie „Pechmarie". Das Pech aber blieb fest an ihr hängen und wollte sich solange sie lebte, nicht entfernen lassen.

Das Winterbuch
Singen • Spielen • Malen • Basteln • Lernen — Bestell-Nr. 11 813

KOHL VERLAG
Lernen mit Erfolg

16 Die kleinen Pinguine

Die 10 kleinen Pinguine – Lied

Zum Vorlesen

Zum Singen oder Aufsagen: Singen Sie die Verse nach der bekannten Melodie („10 kleine …") oder sagen Sie es als Gedicht auf. Das Sing- und Reimspiel hilft Kindern beim ersten Zahlenlernen und fördert spielerisch mathematisches Verständnis und Konzentration. Nach einigen Strophen steht die Zahl. Die Kinder malen die richtige Menge Pinguine im Bild an.

1. Ein kleiner Pinguin der war so ganz allein
   da rief er einen Freund herbei
   da waren es gleich zwei

2. Zwei kleine Pinguine
   die legten bald ein Ei
   und schon ganz bald
   war´n es dann drei

3. Drei kleine Pinguine
   riefen: Wir sind hier!
   da kam die Ann-Marie dazu
   und plötzlich waren´s vier.

4. Vier kleine Pinguine
   saßen auf ´nem Stein
   einer fiel ins Meer –
   da war´n sie noch zu drein.

5. Drei kleine Pinguine
   wollten gern ins Meer
   zwei tauchten gleich -
   doch einer fürcht‘ sich sehr

6. Ein kleiner Pinguin
   war wieder ganz allein
   er fing sich einen Fisch
   und sagte: Der ist mein!

Das Winterbuch
Singen • Spielen • Malen • Basteln • Lernen – Bestell-Nr. 11 813
KOHL VERLAG

16 Die kleinen Pinguine

Die 10 kleinen Pinguine – Für Fortgeschrittene

Anmerkung: _Auch dieses Lied lässt sich nach der bekannten Melodie singen. Die Kinder malen die Pinguine auf dieser Seite farbig aus._
Wie viele sind es?

Ein kleiner Pinguin
der war ganz allein
da rief er einen Freund herbei
nun waren sie zu zwein.

Zwei kleine Pinguine
riefen wei o wei
Der Doktor eilte gleich hinzu
so waren es schon 3

Drei kleine Pinguine
standen dort und hier
Auf einem Fels noch einer lag
da waren es schon 4.

Vier kleine Pinguine
liefen durch die Sümpf'
dort fand sich noch ein weiterer
da waren es schon 5.

Fünf kleine Pinguine
trafen eine Hex
die war so nett und lieb
nun waren es schon 6.

Sechs kleine Pinguine
nicht alleine blieben
es watschelte noch einer her
so waren sie nun 7.

Sieben kleine Pinguine
fingen Fisch zur Nacht
noch einer kam, der hungrig war,
da waren sie nun 8.

Acht kleine Pinguine
wollten fröhlich sein
da kam der Musikant hinzu
und schließlich waren's 9.

Neun kleine Pinguine
wollten schlafen geh'n,
doch einer kam noch aus dem
Meer,
da waren es nun 10.

Das Winterbuch
Singen • Spielen • Malen • Basteln • Lernen – Bestell-Nr. 11 813
KOHL VERLAG

17 Geräusche

Geräusche hören und erkennen

Viele Menschen können heute nicht mehr hören oder zuhören. Ständig werden wir beschallt durch Fernseher, Radio oder Musik aus dem Laptop. Hinzu kommt der Verkehrslärm von Autos, Bahn und Flugzeugen. Hier sollen die Kinder lernen, sich ganz bewusst auf Geräusche zu konzentrieren und sie wahrzunehmen.

Küken komm'

Man füllt etwas Futter (Maiskörner oder Sonnenblumenkerne) in ein Glas mit Schraubverschluss. Ein Kind bekommt die Augen verbunden. Dieses Kind ist nun das Küken, das Futter sucht. Ein anderes Kind schüttelt das gefüllte Glas, während es langsam im Raum damit herumgeht. Das Küken versucht blind, dem Glas, also dem Geräusch, zu folgen. Die restlichen Kinder haben die Aufgabe, leise zu sein und zu wachen, dass das Küken nicht irgendwo gegen stößt.

Wecker verstecken

Ein Kind verlässt kurz den Gruppenraum. In dieser Zeit wird ein tickender Wecker im Raum versteckt. Wenn das Kind wieder im Raum ist, soll es den Standort des Weckers „erhören". Das klappt natürlich nur, wenn alle anderen Kinder mucksmäuschenstill sind!

Geräusche-Memory

Man benötigt etwa 20 schwarze Filmdosen oder ähnliche verschließbare Behälter. (Internet).
Je zwei Dosen werden mit den gleichen Materialien gefüllt, z.B. einem Tee-löffel Salz, einigen trockenen Erbsen, einer Murmel, ein paar Nägeln, Büro-klammern, einem Teelöffel Reis, einigen Perlen, Kieselsteinchen, Nudeln, Wasser, Schokostreuseln usw.. Die Dosen nicht zukleben, damit man kontrol-lieren kann, ob es sich tatsächlich um den gleichen Inhalt handelt.
Nun gelten die Regeln wie beim normalen Memory-Zuordnungsspiel.
Wer findet die meisten Paare?

Tipp

Die Füllung kann in den Dosen länger verblei-ben, wenn es sich um trockene Materialien han-delt. Wasser und Schokostreusel z. B. sollten von Zeit zu Zeit ersetzt werden.

Das Winterbuch
Singen • Spielen • Malen • Basteln • Lernen — Bestell-Nr. 11 813
KOHL VERLAG

> *Mit einigen alten Tageszeitungen gibt es vielerlei kreative Möglichkeiten. Zum Beispiel kann man Formen und Buchstaben reißen, mit Schnipseln Bilder oder Namen legen, aus zusammengeknülltem Zeitungspapier Ballspiele machen oder, oder…*

Zeitungsschnipsel

Einige Seiten Zeitung werden in kleine Schnipsel (ungefähr 2-3 Stück je 5-7 cm lang) gerissen. Die Schnipsel werden in der Mitte des Raumes auf den Boden gelegt. Die Kinder versuchen, aus den kleinen Teilen Formen oder Bilder zu legen. Vielleicht kann das ein oder andere Kind auch schon seinen Namen legen?

Papierfiguren ausreißen

Dieses Tun erfordert Konzentration und Geschicklichkeit, damit es gelingt, die Zeitung an der beabsichtigten Stelle einzureißen. Die Papierfiguren können entweder mit einem bunten Stift vorgezeichnet oder „nach Gefühl" gerissen werden. Mit Bäumen und Häusern z.B. lässt sich auch eine Collage gestalten.

Spiel mit Zeitungsbällen

In die Mitte des Raums oder der Turnhalle wird ein großer Karton gestellt. Die Kinder formen „Bälle" aus zwei Zeitungsseiten. Nun versuchen sie, aus festgelegtem Abstand ihren „Ball" in den Karton zu werfen. Andere Variante: Ein oder zwei Kinder können an der Kiste stehen und versuchen, die Bälle abzuwehren.

Die Insel wird kleiner…

Jedes Kind erhält eine Doppelseite der Zeitung. Jedes Kind legt seine Doppelseite auf den Boden. Zu Musik laufen die Kinder durch den Raum und stellen sich auf ihre Zeitungsseite, sobald die Musik stoppt. Wenn die Musik wieder beginnt, falten sie ihre Zeitung auf die Hälfte der Größe, bevor sie weitergehen, bis es immer schwieriger wird, denn jedes Mal nach Start und Stopp der Musik wird die Zeitungsseite erneut in der Mitte gefaltet. So wird sie immer kleiner und die Aufgabe mangels Platz immer schwieriger. Am Ende kann nur noch auf Zehenspitzen auf der Zeitung gestanden werden.

Reise nach Jerusalem – mal anders

Die Zeitung wird blattweise auf dem Boden verteilt. Die Kinder wandern zur Musik durch den Raum. Wenn die Musik stoppt, muss sich jeder ganz schnell eine Zeitungsinsel suchen. Da eine Zeitung zu wenig vorhanden ist und folglich ein Kind ohne Zeitungsinsel bleibt, scheidet dieses aus. Es darf dann die Musik für die nächste Runde stoppen.

Das Winterbuch
Singen • Spielen • Malen • Basteln • Lernen – Bestell-Nr. 11 813

KOHL VERLAG   Lernen mit Erfolg

19 Duftreise

„Der Nikolaus hat alle Kinder auf der Erde besucht. Nun soll er zurück zum Nordpol fahren, wo er das ganze Jahr über wohnt. Nur in der Advents- und Weihnachtszeit ist er bei uns unterwegs. Doch der Nikolaus hat noch etwas vor. Sein Rentier Rudolf folgt ihm erstaunt.

Er bleibt vor einigen weihnachtlich geschmückten Häusern stehen. Dann holt er eine kleine Dose aus den riesigen Taschen seines Mantels und öffnet sie. Er wedelt ein wenig mit der Hand, damit die Luft in die Dose strömt. Schnell verschließt er sie dann wieder.

Das wiederholt er vor einigen Häusern. Die Augen seines Rentiers werden immer größer. Schließlich fragt es neugierig: „Was machst du da eigentlich?"

„Ach," erwidert der Nikolaus, „ich sitze das ganze Jahr am kalten Nordpol in Eis und Schnee. Dort gibt es aber keine Weihnachtsdüfte. Ich liebe aber den Duft von Tannen, Äpfeln, Orangen, Zimt und Vanille. Da habe ich mir gedacht, ich nehme von jedem Duft eine Dose mit. So kann ich auch im Mai oder im August daran riechen." Rudi nickt. „Das verstehe ich," meint er. Und als der Nikolaus all' seine Lieblingsdüfte eingefangen hat, kehren er und Rudolf zum Nordpol zurück."

Eigene Duftreise

Material:

- Verschiedene Düfte: Äpfel, Orangen und Tannen sind bestimmt im Kindergarten vorhanden. Zimt und Vanille sind leicht zu beschaffen. In diesen Düften gibt es auch Duftöle zu kaufen.
- 5 undurchsichtige Jogurtbecher, 5 Stücke Alu-Folie, 5 Gummiringe,
- einen Stift oder Zahnstocher

Anleitung:

- Apfel- und Orangenstückchen, kleine Tannenzweige (zerschnitten), Zimt und Vanille in die Jogurtbecher füllen. Anschließend beschriften.
- mit Alufolie abdecken und mit Gummis befestigen
- mit einem Stift oder Zahnstocher einige Löcher in die Alu-Folie pieken
- Und nun schnuppern die Kinder daran. Welchen Duft kennen sie? Welchen Duft mögen sie besonders gerne?

Das Winterbuch
Singen • Spielen • Malen • Basteln • Lernen – Bestell-Nr. 11 813
KOHL VERLAG

20 **Winter-Marathon**

Bewegungsspiel

> *Dieses Bewegungsspiel lässt sich am besten im Turnraum durchführen. Bei dem kleinen Marathon geht es darum, schnell die richtige Figur zu erreichen und zu berühren.*

Material:

- 12 runde Bierdeckel
- Winterbild je 3x in Größe der Bierdeckel ausschneiden
- bunt ausmalen
- Kleber, Schere
- Musik im Hintergrund

Anleitung:

- Je drei der Bierdeckel werden mit dem gleichen Winterbild beklebt.
- Verteilen Sie die Deckel mit Abständen von mindestens 1 m auf dem Boden.
- Schalten Sie die Musik ein. Die Kinder bewegen sich dazu.
- Musik stoppen. Nennen Sie laut eine der 4 verschiedenen Figuren auf den Bierdeckeln.
- Mehrere Kinder suchen sich gemeinsam einen passenden Bierdeckel.
  Sie versuchen alle, den Deckel mit einem Körperteil, z. B. Finger, Zehen usw., zu berühren.

Das Winterbuch
Singen • Spielen • Malen • Basteln • Lernen — Bestell-Nr. 11 813

KOHL VERLAG
Lernen mit Erfolg

Das Winterbuch
Singen • Spielen • Malen • Basteln • Lernen — Bestell-Nr. 11 813

KOHL VERLAG

Kreisspiel

Die Kinder stehen im Kreis und singen das Lied unterhalb des Kastens. Ein Kind („Butzemann") hat ein Säckchen (oder verknotetes Tuch) in der Hand und läuft um den Kreis herum. Butzemann lässt sein Säckchen hinter einem Kind fallen. Dieses Kind muss es schnell bemerken und aufheben. Sofort rennt es samt Säckchen hinter dem „Butzemann" her. Es muss ihn fangen, bevor er die freie Lücke des nachlaufenden Kindes erreicht. Steht der „Butzemann" in der Lücke, bevor das Kind ihn gefangen hat, muss das Kind ins „Faule Ei", das ist die Kreismitte. Wird der „Butzemann" gefangen, muss er ins „Faule Ei". Der nächste „Butzemann" ist an der Reihe. Nach dem weiteren Durchgang wird das Kind in der Kreismitte abgelöst.

Lied

Es tanzt ein Bi-Ba-Butzemann   Deutsches Volkslied

Es tanzt ein Bi- Ba- Butzemann in unserm Haus herum, fi-debum, Es tanzt ein Bi- Ba-But-ze-mann in un-serm Haus he-rum. Er rüt-telt sich, er schüt-telt sich, er wirft sein Säckchen hinter sich. Es tanzt ein Bi- Ba- Butzemann in unserm Haus herum.

Nachdem die Kinder sich beim Spielen und Laufen ausgetobt haben, kann jeder einen „Butzemann" nach seiner Vorstellung malen.
Der „Butzemann" oder auch „Butz" beschrieb früher Dämonen, Gespenster, Kobolde oder zwergartige Schreckgestalten. Das Lied entstand als Beschwörung von Poltergeistern und soll aus den Kindheitserinnerungen Jacob Grimms stammen.

Das Winterbuch
Singen • Spielen • Malen • Basteln • Lernen — Bestell-Nr. 11 813

22 Besuch beim Onkel Doktor

„Im Winter gehen Schnupfen, Husten und Grippe rundum. Meist ist es nicht so schlimm, doch manches Mal ist ein Besuch beim Arzt nötig. Dieser hilft den Leuten, wieder gesund zu werden."

„Luis muss zum Doktor. Er hat einen ganz schlimmen Husten, die Nase läuft, und Halsschmerzen hat er auch. Aber Luis will nicht zum Doktor. Er hat Angst. Mama sagt: „Der Doktor schaut in deinen Hals, er horcht deine Lunge ab und er verschreibt dir Medizin, damit du schnell wieder gesund wirst."
Ja, das möchte Luis nun auch. So geht er mit Mama zum Doktor.
Im Wartezimmer trifft er Anna. Die kennt er vom Kindergarten. „Hallo.", sagt er leise. „Hallo, Luis.", antwortet Anna. „Sie hat gar keine Angst.", denkt Luis. Anna und ihr Papa werden zum Doktor ins Sprechzimmer gerufen. Luis und seine Mama müssen noch warten. Doch endlich kommen sie auch an die Reihe. Der Doktor fragt freundlich: „Na, was fehlt dir denn? Du siehst aus, als wärest du heftig erkältet." Luis nickt. „Na, dann schauen wir mal." Luis soll seinen Pulli hochziehen. Mit dem Hörrohr horcht der Doktor Brust und Rücken ab. „Alles nicht so schlimm.", meint er. Dann tastet er Hals und Ohren ab. Er schaut auch in den Gehörgang hinein. „Und nun möchte ich noch in deinen Hals sehen." Luis soll den Mund weit öffnen.
„Ich muss deine Zunge ein wenig herunter drücken, damit ich alles richtig sehen kann.", erklärt der Arzt, „du musst dann mal „Ahhhh" sagen." Mit einem Holzspatel, der ein wenig größer aussieht als ein Eisstiel, drückt der Doktor auf Luis' Zunge. Na, das findet Luis nun nicht so schön. Aber es ist nicht schlimm und tut nicht mal weh. „Ich verschreibe dir Tropfen gegen den Husten und Tabletten zum Lutschen, damit dein Hals nicht mehr so schmerzt." Luis nickt, Mama auch. „Na, dann gute Besserung!", wünscht der Doktor noch. „Warum habe ich denn Angst gehabt?", überlegt Luis, „das war doch nicht schlimm!" Mama geht mit Luis zur Apotheke. Dort bekommen sie die Medizin. Zuhause gibt Mama Luis die Hustentropfen. „Die schmecken aber eklig!" schimpft Luis. Dann nimmt er noch eine Tablette gegen Halsschmerzen ein. „Die sehen ja aus wie Bonbons!", freut sich Luis. Und sie schmecken auch wie Bonbons. Luis geht es gleich besser. Und am nächsten Tag fühlt er sich schon wieder fast fit."

Die Kinder können von ihren Besuchen beim Doktor berichten. Bestimmt war jeder schon mal beim Arzt. Angst braucht man nun wirklich nicht vor einem Arztbesuch zu haben. Es tut so gut wie nie weh, die Ärzte geben sich meistens sehr viel Mühe und wollen dir helfen, damit es dir bald besser geht.

Das Winterbuch
Singen • Spielen • Malen • Basteln • Lernen – Bestell-Nr. 11 813
Lernen mit erfolg
KOHL VERLAG

Karnevalmaske

Material:

- ein weißer Pappteller
- ein Stück Gummiband, dem Kopf des Kindes angepasst
- Stift, Schere, Deck- oder Acrylfarben, Kleber
- bunte Bänder, Luftschlangen, Wolle oder Federn (Bastelgeschäft)

Anleitung:

- Nase, Mund und Augen auf den Pappteller malen
- den Augenabstand kann man mit zwei gespreizten Fingern messen und übertragen
- Nase, Mund und Augen ausschneiden
- die Maske anmalen
- es können z. B. noch Ohren oder ein Hütchen zugefügt werden
- Federn, Luftschlange, Bänder und/oder Wolle aufkleben
- die Seiten mit je einem Loch für das Gummi versehen
- das Gummi passend anknoten

Staffellauf

Material:

- einen alten Rock, einen Pulli, dicke Stopper-Socken, Handschuhe, Schal und Mütze
- eine Markierung für das Ende der Strecke (Stuhl, Kiste ...)

Anleitung:

- Es werden 2-3 Gruppen gebildet
- Auf ein Startzeichen muss der erste Läufer jeder Mannschaft alle Kleidungsstücke anlegen und die vorgegebene Strecke hin- und zurück laufen.

Das Winterbuch
Singen • Spielen • Malen • Basteln • Lernen   –   Bestell-Nr. 11 813

KOHL VERLAG

Meine Oma ...

Dieses alte Lied hat schon Oma Spaß gemacht, als sie noch klein war. Die Kinder können die Strophen beliebig erweitern. Da kommt garantiert Stimmung beim Singen auf!

Mei - ne   O - ma   fährt im Hüh – ner - stall Mo - tor - rad,   Mo -

tor - rad,   Mo - tor - rad.   Mei – ne O - ma fährt im Hüh – ner - stall Mo -

tor - rad,   und der   O – pa   mit dem Rol – ler hin – ter - her.

2. Meine Oma hat 'nen Nachttopf mit Beleuchtung …

3. Meine Oma hat Klosettpapier mit Blümchen …

4. Meine Oma hat 'ne Brille mit Gardine …

5. Meine Oma hat ein Waschbecken mit Sprungbrett …

Das Winterbuch
Singen • Spielen • Malen • Basteln • Lernen — Bestell-Nr. 11 813
KOHL VERLAG

Kasperle basteln

Zu Fasching oder Karneval passen gut kleine Kasperle. Ganz schnell sind sie aus einer Toilettenpapierrolle und ein wenig buntem Papier hergestellt.

Material:

- eine leere Klopapierrolle
- Tonpapier oder Glanzpapier, vorzugsweise bunt
- Tonpapier für Gesicht und Hände in hautfarben
- Schablonen (siehe Abb. folgende Seite)
- Stift, Schere, Klebstoff

Anleitung:

- Klopapierrolle mit dem bunten Papier bekleben
- Mütze, Kopf und Arme nach den Schablonen ausschneiden
- Gesicht direkt unter die Mütze kleben
- Hände ankleben und Gesicht aufmalen. Den Körper des Kasperles auf die Klorolle kleben, die untere Kante sollte in Mitte der Rolle liegen.
- Nach dem Trocknen die Arme ein wenig nach vorne biegen.

Tipp

Zum besseren Stand die Rolle unten zukleben, nachdem man einige Steinchen oder Murmeln eingefüllt hat.

Das Winterbuch
Singen • Spielen • Malen • Basteln • Lernen — Bestell-Nr. 11 813

KOHL VERLAG
Lernen mit Erfolg

Kasperle-Schablonen

„Das Kasperle macht dumme Sachen, da müssen alle Kinder lachen! Es hüpft auf einem Bein herum und bum – fällt es um. Es hebt die Hände übern Kopf und glaubt, nun hat es einen Zopf. Dann reibt es sich das linke Bein und fängt gleich drauf an zu schrei'n: „An meinem Bein, da sitzen Wanzen, nun müssen wir alle tanzen!"

Das Winterbuch
Singen • Spielen • Malen • Basteln • Lernen – Bestell-Nr. 11 813
KOHL VERLAG

Brüderchen, komm, tanz' mit mir!

Musik: Volkslied, Engelbert Humperdinck (1854-1921)
Text: Volkslied aus Thüringen

Die Kinder können auch singen:
Kasperle, komm tanz mit mir …

Brüderchen, komm, tanz' mit mir!

Brü - der - chen, komm, tanz mit mir,

bei - de Hän - de reich' ich dir.

ein - mal hin. ein - mal her.

rund - her - um. das ist nicht schwer.

2. Mit den Füßen tapp, tapp, tapp.
Mit den Händen klapp, klapp, klapp.
Einmal hin, einmal her,
Rund herum das ist nicht schwer.
Mit dem Köpfchen, nick, nick, nick.
Mit den Fingern tick, tick, tick.
Einmal hin, einmal her,
Rund herum das ist nicht schwer.

3. Ei, das hast du gut gemacht,
ei, das hätt' ich nicht gedacht:
einmal hin, einmal her,
rundherum, das ist nicht schwer.
Noch einmal das schöne Spiel,
weil es mir so gut gefiel:
einmal hin, einmal her,
rundherum, das ist nicht schwer.

Das Winterbuch
Singen • Spielen • Malen • Basteln • Lernen — Bestell-Nr. 11 813

KOHL VERLAG
Lernen mit Erfolg

Der Schneemann

In einem kleinen Dorf lebte ein armer Schreiner mit seiner Familie. Er war krank und konnte nicht arbeiten.
Eines Abends schaute ein Schneemann in die Stube. Dort sprach gerade der Schreiner mit seiner Frau über die schweren Sorgen.

Der Schneemann reckte und streckte sich. Er beschloss, er würde dem armen Mann helfen!
Nachts schlich er in die Werkstatt. Er baute zwei Stühle und ein Bett. Am Morgen stand er wieder fröhlich im Garten. Na ja, ein wenig müde war er schon, aber auch stolz auf seine Arbeit.

Auch in der folgenden Nacht arbeitete er fleißig. Er baute einen Tisch, einen Hocker und begann mit einem Schrank.
Der Schreiner und seine Familie wunderten sich, wer denn so fleißig gewesen war. Sie freuten sich riesig. Sie konnten Brot und Kartoffeln kaufen, das Geld reichte sogar für eine Wurst und Gemüse.

Dem Vater ging es besser. Er sägte und hämmerte wieder in seiner Werkstatt und bekam neue Aufträge. Nachts half der Schneemann heimlich immer wieder.
Der Frühling nahte. Es wurde wärmer. Der Schneemann wurde kleiner und schwächer. Eines Morgens war nur noch ein kleines, schmutziges Schneehäufchen von ihm übrig.

Aber bestimmt wird er im nächsten Winter wieder kommen!

Das Winterbuch
Singen • Spielen • Malen • Basteln • Lernen – Bestell-Nr. 11 813
KOHL VERLAG